Rudi Weiß | Muschel**kraft**

Nicht immer fromme Gedanken vom Jakobsweg Weinviertel

Rudi Weiß

Muschel**kraft**

Nicht immer fromme Gedanken vom Jakobsweg Weinviertel

Mit Zeichnungen von Gottfried Laf Wurm

Liebe Pilgerin, lieber Pilger!

Im Jahr 2010 wurde der „Jakobsweg Weinviertel“ von Bischofsvikar Prälat Dr. Matthias Roch ins Leben gerufen. Damit begann eine einzigartige Bewegung im Vikariat Unter dem Manhartsberg, die jedes Jahr tausende Pilgerinnen und Pilger motiviert, diesen Weg zu gehen. 2020 feiern wir nun das zehnjährige Jubiläum des Jakobswegs Weinviertel, das in dem vorliegenden Buch ausführlich gewürdigt wird. Mein besonderer Dank gilt daher allen Verantwortlichen und Förderern dieses Pilgerweges, die das Weinviertel zu einem echten „Pilgerland“ verändert haben.
„Gemeinsam mit allen Geschöpfen gehen wir unseren Weg in dieser Welt – auf der Suche nach Gott, denn wenn die Welt einen Ursprung hat und erschaffen worden ist, dann suche nach dem, der sie erschaffen hat, suche nach dem, der ihr den Anfang gegeben hat“, wie Papst Franziskus in seiner Enzyklika „Laudato si“ geschrieben hat.
Gerne begleite ich alle Pilgerinnen und Pilger im Gebet auf ihrem Weg hin zu Gott, möge er ihnen auf ihrer Wallfahrt und im Innehalten Kraft und Segen schenken und sie in der wunderbaren Natur unserer Heimat die Schönheit der Schöpfung erkennen lassen.

+ Christoph Kard. Schönborn

+ Christoph Kardinal Schönborn, Erzbischof von Wien

Jakobsweg **Weinviertel**

Der Abschnitt Jakobsweg Weinviertel führt mit einer Streckenlänge von 153 km von Drasenhofen bis Krems an der Donau. Sie können den Pilgerweg entweder gemeinsam im Rahmen von geführten Touren oder individuell begehen. Nach sechs Tagesetappen ist das Ziel Krems an der Donau erreicht. Weitere Infos unter: **www.jakobsweg-weinviertel.at**

DRASENHOFEN
KLEINSCHWEINBARTH
STÜTZENHOFEN
FALKENSTEIN
POYSDORF
KLEINHADERSDORF
GNADENDORF
BUSCHBERG
ASPARN/ZAYA
MISTELBACH
OBERLEISER BERGE
HÜTTENDORF
NIEDERLEIS
LADENDORF
ERNSTBRUNN
KARNABRUNN
GROSSRUSSBACH
WEINSTEIG
LEITZERSDORF
NIEDERHOLLABRUNN
HARMANNSDORF
STOCKERAU

Prolog

**Aus dir, Mutter Erde, bin ich gekommen *
mit deinen Äckern und deinem Argwohn schaust du auf mich.**

In der Melodie deiner Zwischentöne lässt du mich wohnen *
in den Mustern, die Wärme und Kälte in deine Tage zaubern,
lässt du mich zu Hause sein.
In die Dunkelheit deiner Wälder verführst du mich *
und ich darf ihnen zuschauen beim Leben.
In den Weiten der Felder verirrt sich mein Blick *
an Bäumen, die blieben, findet er Gefallen.
Im Wasser des Baches tummeln sich Frösche und Fisch *
und niemand wirft ihn mehr aus seinem Bett.
In deinen seltenen Seen badet der Himmel *
und lässt uns hin und wieder ein Stück zurück.
Vor der Haustür stellt die Schönheit aus *
und misst mit dem Stab des menschlichen Maßes.
In den Dörfern hat die Einsicht ein Dach über dem Kopf *
und die Anmut der Einfachheit summt ihre stillen Strophen.
An deinen Straßen bestehen wieder die Bäume *
Sträucher und Stauden seihen den Lärm.
Im Weingarten steht Stock um Stock wie ein grünes Regiment *
Most und Mohn reifen heran ohne mein Zutun.
Das Land trägt Krawatte, blühen Flieder und Flachs *
der Duft bleibt lange liegen im Gedächtnis.

Mit Blattgold schmückt dich der Herbst *
in den Wiesen des Morgens hängen glitzernde Geschmeide.
Mit Brot und Wein verwöhnst du mich *
wie lange weiße Schiffe liegen die Kellergassen in deinem Ährenmeer.
Die Kraft des Windes und der Sonne wissen wir zu bändigen *
das Wasser des Regens wird zum kostbaren Gut.
Auch der Rain, wo nur Hecke und Dornbusch steht, wird wieder geheiligter Boden *
und der Weiher wieder zum geweihten Ort.
Was lang scheu sich duckte in müde Mulden, das lebt nun auf *
die Dörfer tragen zu Markte, was sie zu bieten haben.
Von Pilger- und Radwegen bist du durchzogen *
wer hätte gedacht, was es hier alles zu finden gibt.
Was lange versteckt war, wird entstaubt und verzaubert *
wir malen uns die Heimat aus mit den Farben des Stolzes.
Aus dem Dunstkreis der Zuversicht treten Mut und Vertrauen *
voll guter Hoffnung brechen Land-Tage an.
Sanft machen sich Menschen auf, dich neu zu gestalten *
der Fantastisch ist gedeckt, Friede und Freiheit liegen bereit
Narren und Nachbarn sind gerne gesehen *
wo man kann, wird geholfen und gebetet, wo nicht.
Die Zukunft zieht Furchen ins geräumige Land *
bis in die letzten Winkel munkelt man von ihr.

**Aus Dir, Mutter Erde, sind wir gekommen *
mit deinen Äckern und deinem Argwohn schaust du auf uns.**

Aufbrechen

dem hasten mach ich
ein ende
und der ruhe
den hof

schritt für schritt
ergehe ich mir gelassenheit
öffne mich dem staunen
und mache mich auf
ins ungewisse

gehe fremd
mit gutem gewissen

DRASENHOFEN

Fragen am Anfang

wie du hierher kommst
plötzlich
fragst du dich
grad noch in der lauten welt
und jetzt in schwangeres schweigen gehüllt
in die wüste geschickt
dem wind
dem wetter ausgesetzt

wie du hierher kommst
plötzlich
fragst du dich
grad noch beladen mit kniffligem kram
und bleiernem alltag

doch dein weg
hat sachte dich
schon an der hand genommen
mit jedem schritt
wird leichter dir
ums herz

Muschelkraft

nicht länger
mir selbst
im wege stehen

mich aufmachen
ja aufbrechen
für jakobs muschelkraft

auf einmal zu-wege bringen
was bisher versperrt

wem ich begegnen werde
auf meinem weg

am ehesten wohl mir selbst

und
vielleicht

und ganz unverhofft
sogar dem lieben gott
in die arme laufen

KLEINSCHWEINBARTH

Mobilmachung

schon einmal
kräftig luft holen
bevor mir wieder der atem ausgeht

schon einmal
einen gang zurückschalten –
in heilsamen müßig-gang

schon einmal
betulich platz nehmen
auf der langen bank
und an-gehen
was viel zu kurz gekommen
in letzter zeit

schon einmal
wegpacken
meine eile
und stattdessen
das verw-eile-n exerzieren –
zum schau-lustigen werden
und den bauern applaudieren
die hier woche für woche
neue gemälde hinklatschen
als landstreicher gottes

STÜTZENHOFEN

Ziel

das ziel –
noch lange nicht
vor augen

doch
längst schon
im herzen

Tagesziel

von kirchturm
zu kirchturm
von angelus
zu angelus
setze ich mich
in be-weg-ung
geh-bete auf den lippen
und blasen an den fersen

gehe egal was kommen mag
komme an egal wie es gehen mag

doch nicht zu kurz
komme mir die lang-samkeit
und alles
was mich erinnert
an tempo
an eile
an hast –
darf getrost
auf der strecke bleiben

FALKENSTEIN

Kundschaft

den äckern entlang
den gärten
nichts als brot und wein hier –
früchte göttlicher erde
und menschlicher arbeit

wie nah läg es
unentwegt weiter zu tun
was du getan hast –
das brot zu brechen
und einzuschenken den wein
den reinen

dass hunger gestillt sei
für immer
und überall
milch und honig fließen
den dürstenden

vgl. Num 13,25–27

POYSDORF

KLEINHADERSDORF

Erkenntnis

am singspiel der vögel
und den lichtspielen
an greisen kellermauern
am säuseln der gräser
und dem morgentau
am leichten wellengang der hügel
den blaupausen am himmel
und den zitronenfaltern
die kecken kunstflug zelebrieren
vor meinen augen

darf ich erkennen –
hören und sehen
ist mir
noch nicht vergangen

MISTELBACH

Wie weit

hinter uns jetzt
das große schweigen im walde –
nachgedacht
über regenwälder und trockenheit
fußabdrücke und handlungsbedarf

wie weit
sind wir schon gekommen
frage ich

schau auf die uhr
sagt einer
und versteht meine frage nicht

wie weit
sind wir schon gekommen
frage ich

da vorn ist die ortstafel
sagt ein anderer
und versteht meine frage nicht

wie weit
sind wir schon gekommen …

Pilgerweisheit

je rascher
mich meine füße tragen
umso schneller
kommst du
mir abhanden

je weniger
ich alles
in der hand haben will
umso leichter
hast du es
mit mir

je beharrlicher
ich schweige
umso mehr
kommst du
gott
zu wort

Merk-würdig

am marterl
am feldkreuz zuerst
augenscheinlich
in kapellen und kirchen

doch bald auch
am weinstock
der pflugschar
den lilien auf dem feld
und dem staub an den füßen –

merk-würdig
herr
wie oftmals
du aufkreuzt
auf meinem weg
aus heiterem himmel

Nothelfer

nicht vom brot allein –
aber schon auch
lebt der mensch –
das weiß der pilger
selbst der frömmste

und erst der durst …

gott sei dank
hat sich heute
die heilige barbara
in einen jungen traktorfahrer verwandelt
der stehen bleibt
und uns die drei
verheißungsvollen worte spricht

hobts an duascht

HÜTTENDORF

LADENDORF

ASPARN/ZAYA

Herrschaftszeiten

einmal mehr
ein schloss des weges
entseelte ruinen
eine grabstätte irgendwo

stumme zeugen
vom krieg um grund und boden
den wir jetzt so friedlich beschreiten

einmal mehr
ein ziegelofen des weges
ein einstmals honoriges herrenhaus
ein arm-seliger kleinhäuslerbezirk

stille überbleibsel
vom kampf ums überleben
den wir so nicht mehr kennen

herrschaftszeiten –
nicht noch einmal

Pilger-Privileg

ich darf
wasser trinken
wieviel und wann immer ich will

ich darf
pause machen
wann und wo immer ich will

ich darf
kurven kratzen
nach links oder rechts
wo immer ich will

ich darf
halt machen
bei gedenksteinen und kriegerdenkmälern
wo immer sie stehen

die jedoch
die dort verewigt sind
die durften nichts
die mussten marschieren
auf teufel komm raus
ihre haut im gleichschritt zu markte tragen
und abkratzen als geknebelte helden

Schweigen möcht ich Herr

…

BUSCHBERG/ GNADENDORF/ NIEDERLEIS

Buschberg

bald schlägt
die sonne sich
in die büsche

ihre kleinen schwestern
auf den feldern unten
ziehen die köpfe ein

schlapp stolpere ich
der letzten station heute zu
keine spur von sonntagsspaziergang

kein blick mehr
für deine augenweiden
herr

jetzt nur noch
eine ruhige kugel schieben

erst
der neue tag
wird mir wieder
die augen öffnen

Neuer Morgen

hähne und glocken
ermuntern zum aufbruch
auch wenn du
wie tot warst am abend

nur der schuh-löffel
wird abgegeben
an den nächsten

beseelt
und beflügelt
machen wir uns wieder
aus dem staub

herausgefordert in aller hinfälligkeit

staunende gäste
dieses neuen morgens

Morgengebet

aus dem noch stillen dorf
betrete ich den morgen

ein raunen liegt in der luft
ein wort wächst mir zu
ein einziges wort –
angestimmt von der amsel
geflüstert vom wind
an kellerwände gemalt
mit milden sonnenpinseln

effata
öffne dich

sprachlos zieht es mich hinaus
in den schaufensterbummel
deiner schöpfung

vgl. Mk 7,31–37

OBERLEISER BERGE

Ver-rückt

wir kommen
an einem radargerät vorbei

und
fotografieren es

ERNSTBRUNN

Hausspruch

(dem Bildungshaus Großrußbach gewidmet)

weit mehr als ein haus –
ein zuhause

unter dach und fach hier
die sehnsucht
das suchen
das sein

und wieder und wieder
willkommen
der fragende
der fremde
der freund

GROSSRUSSBACH

Grenzen

miteinander gepilgert
den ganzen tag
in hitze und staub

die vorräte geteilt
das wasser
das brot
das beten
das wort

die füße
wasch ich mir
nun selber

vgl. Joh 13,5–15

Unterwegs

das brot
teilen wir
das wasser
und am abend den wein

worte
teilen wir
gedanken
und widerfahrenes

durchlebtes
teilen wir

durchlittenes schließlich
zerbrochenes

und
werden ganz

vgl. Lk 24,15–32

Arteneinfalt

gut gemeint das
herr
mit den
lilien auf dem felde
und den vögeln des himmels

hoffentlich
sind nicht
bald alle
vertrocknet

krepiert

vgl. Mt 6,25–34

WEINSTEIG

Hügelland

welle an welle
unentwegt schenkende sanftheit
im auf und ab
der zeit

hügelland –
ein wohnzimmer gottes

Erfüllend

mit jedem tag
mit jeder stunde
mit jedem schritt
wird größer
was hinter mir liegt

zu bleibender erinnerung
modelliert sich schon
was mir zuteil geworden

mit jedem tag
mit jeder stunde
mit jedem schritt
wird größer
was vor mir liegt

die aussicht
mich einzufinden
die verheißung
mein ziel zu erreichen
macht mich reich

KARNABRUNN

Aussicht

ist es
nicht oft so
im leben
dass man
erst nachher weiß
wofür etwas gut war

zuvor
das schinden über
das siebenmalsiebzigstiegensteil
zu dieser kirche hinauf
am berg

und dann –
was hab ich mir damit
nicht alles ersteigert
an aussicht
an einsicht
dass nichts vergebens ist an müh
dass immer unbenommen es mir bleibt
dem andern zu vergeben
und wohl auch
mir selbst

vgl. Mt 18,22

Michelbergs

wehe mir
wenn von falschen führern
ich mich leiten lasse
und mies-muscheln jeder art
das dasein vergällen

wehe mir
wenn ich versumpfe
im morast der konsumtempel
und wach nicht bleibe
für dein leben in fülle

wehe mir
wenn ich mich
abfinde mit den scheinwelten
aus bits and bytes gebaut
und ihn nicht mehr suche –
den gotteshauch in all den dingen

wehe mir
wind
wehe

NIEDERHOLLABRUNN

HARMANNSDORF

Dorfleben

zwischen hohlen häusern
hockt die sonne
und lacht die vertrocknenden stauden tot

die alte frau drüben am fenster –
zu müd schon zum winken

der dorfplatz leer und verwaist –
niemand da
zum öffnen der plaudertaschen

argwöhnisch gemustert
von hohen traktoren herab
stehle ich mich weiter

die frischen blumen
am kriegerdenkmal –
das einzige lebenszeichen

Ernüchterung

von weitem
fast schon
an gotteserscheinung geglaubt –
weil erstens rauchzeichen
aus heiterem himmel
zweitens der geruch von schafen in der nase
und drittens infolge von wasserblasen
gerade barfuß unterwegs
den kleinen hügel hinauf

das wunder näher betrachtend
sind es dann zwei gemächliche gemeindearbeiter
die ein armseliges feuer entfacht
mit modrigem laub und gestrüpp

also doch nicht so schnell
wieder ein dornbusch
der brennt

vgl. Ex 3,1–14

LEITZERSDORF

Heute

heute
schlage ich mich
in die büsche
verlasse den ausgetretenen pfad
und lasse muschel mal muschel sein

ab in die au
an sumpfige modrige tümpel –
all den irrwegen
umwegen
und sackgassen zu ehren
die ich in meinem leben
schon gegangen bin

STOCKERAU

Am Stirbwegtunnel

so viele
die hier schon durchgetragen –
zahllos
namenlos

stirb weg
einfach weg
weggestorben
aus den augen aus dem sinn

doch du herr
hast ein auge auf mich
in deine hand bin ich geschrieben –
unauslöschlich besiegelt

du bist der weg
das ist die wahrheit
du schenkst mir leben
jetzt und für alle zeit
amen

vgl. Joh 14,5–7

HAUSLEITEN

Selbsterkenntnis

auch
wenn ich nur noch schwarzsehe
mich selbst
und alles andere rundherum

auch
wenn ich nur noch negativ denke
über mich selbst
und alle anderen rundherum

ich bin immer auch licht

diese erkenntnis kam mir
als ich heute versuchte
mich in meinen eigenen schatten zu setzen

Auskunft

woher ich komme
wohin ich gehe –
leicht auskunft zu geben
wenn leute
mich fragen
denen ich begegne
auf meinem weg

woher ich komme
wohin ich gehe –
schwer antwort zu finden
wenn ich selbst
mich frage
mir begegnend
auf meinem weg

Im Gehen

die kronen der bäume
mein obdach
nachbarn
hasen rebhuhn und reh

im gehen
im schreiten
im schlendern
inzwischen voll und ganz
zuhause sein

STETTELDORF/WAGRAM

ABSDORF

Pilgern banal

lieb
lieber gott
ist mir deine liebe
weil ich mich von ihr getragen weiß

lieb
lieber gott
ist mir deine liebe
weil ich mich von ihr beherbergt weiß

doch fast am liebsten
lieber gott
ist mir deine liebe
wenn sie mir jetzt bald
in form einer duftenden leberkässemmel
durch den magen geht

Ab und zu

an
körpergewicht
ab-genommen

an
seelischem gleichgewicht
zu-genommen

ab und zu
hört man sowas

dem verzicht
dem entsagen
dem leichten gepäck etwas
ab-gewonnen

an einkehr
an atempause
an achtsamkeit
zu-gewonnen

ab und zu
soll sich solches ereignen
in dieser pilgerzeit

KÖNIGSBRUNN/WAGRAM

KIRCHBERG/WAGRAM

Frage

wo
werde ich
nachher sein

das ziel erreicht
dem alltag wieder
in die arme gelaufen

wo
werde ich
nachher sein

am ende
oder am anfang ...

FELS/WAGRAM

Treffend

als
die pilgergruppe
ausgerechnet aus der ortschaft fels kommend
von einigen radfahrern
gefragt wurde
wo denn die nächste kirche sei

da kam
als antwort
nicht mehr und nicht weniger als
„hier geht sie“

vgl. Mt 16,18 und 18,20

End-lich

diesen weg –
ich habe ihn
mir herausgenommen
allen bedenken
allen zweifeln
allen guten gründen zum trotz

ich habe
alles aus mir
herausgeholt

jetzt
end-lich –
mein ziel fast vor augen
lege ich ihn zurück

in mein erinnern
in denk-würdigkeit
in deine hand

GRAFENWÖRTH

GRAFENEGG

Resümee

ich bin geschafft
von hitze und hürden
von wind und wetter –
ich bin geschafft

ich habe es geschafft
trotz unmut und müdigkeit
trotz zögern und zweifeln –
ich habe es geschafft

ich habe etwas geschaffen
neue einblicke und erfahrungen
neuen ausblick und erwägungen –
ich habe etwas geschaffen

ich bin geschaffen
verdank mich nicht mir sondern dir
spür nicht nur mich sondern auch dich –
ich bin geschaffen

GEDERSDORF

Rast und Unruh

endlich wieder sitzen
verharren im brunner kirchenkühl

ich versenke mich
ins bild am hochaltar
fast höre ich dich
heiliger jakobus –
wer seiner würdig sein will
der nehme das kreuz auf sich
und folge ihm nach

du hast es getan –
und das nicht zu knapp
du bist weite wege gegangen –
bis in den tod

ich dagegen reibe –
erschrocken fast –
das grazile goldkreuzchen am hals
zwischen meinen fingern

so wird das wohl nicht
gemeint gewesen sein

vgl. Mt 16,24

ROHRENDORF/KREMS

Ankommen

nach soviel unerforschtem
unbetretenem
nie gedachtem
und nie gehörtem

nach soviel weitblick
was zu kurz gekommen
und was noch immer
auf der langen bank

nach soviel neuem –

kann ich
jetzt noch
der alte sein …

Was

was
kann ich erzählen
beim heimkommen

von distanzen die ich gepilgert
und wettern die ich ertrug
von umwegen die ich geschlurft
und dem dickicht das ich durchkämmt
von ideen die kamen
und schmerzen die gingen
von glücksfällen denen ich begegnet
und pechsträhnen die sich häuften –
all das kann ich erzählen
beim heimkommen

und vom heimkommen
dem heimkommen
in mir

was
kann ich erzählen

KREMS AN DER DONAU

Fragen zum Schluss

hab ich gefunden
was ich gesucht

hab ich gesucht
was ich gefunden

hab ich erlebt
was ich gewünscht

hab ich gewünscht
was ich erlebt

hab ich entdeckt
was ich ersehnt

hab ich ersehnt
was ich entdeckt

Epilog

Gebet zum Heiligen Jakobus

heiligen jakobus
du
der erste
der aus dem kelch des herrn getrunken –

in deinem geiste
möchte ich muschel sein –
bis zum rand gefüllt
mit dem wasser der ehrfurcht vor der schöpfung
dem wasser der achtung für andersdenkende
dem wasser der achtsamkeit für das unbeachtete
dem wasser der wertschätzung für das schwache
dem wasser der ermutigung für hoffnungslose
dem wasser der klarheit für suchende
dem wasser der gelassenheit für getriebene
dem wasser der langmut für schwermütige
dem wasser der neugier für die leisen töne

in deinem geiste
lass uns muschel sein –
bis über den rand gefüllt
über-gehen von einem zum nächsten
ausstrahlen in die weiten der welt

LebensPilgerWeg

ich gehe
und werde gegangen

suchend
und findend zugleich

was wird
das bleibt mir verhangen

was war
das macht mich schon reich

As-käse

heute versuche ich an absolut nichts zu denken
heute versuche ich n absolut nichts zu denken
heute vers che ich n absolut nichts zu denken
heute vers che ich n absolut nichts zu enken
heute vers che ich n absolut nichts u enken
heute vers che ich n bsolut nichts u enken
eute vers che ich n bsolut nichts u enken
eute vers che ich n bs lut nichts u enken
eute vers che ich n bs lut nichts u enke
eu e vers che ich n bs lut nichts u enke
eu e vers che ich n bs lut ichts u enke
u e vers che ich n bs lut ichts u enke
u e vers che ich n bs lut ichts u enk
e vers che ich n bs lut ichts u enk
e vers che ich n bs lut ichts u en
vers ceh ich n bs lut ichts u en
vers ceh ich n bs lut ichts u e
ers ceh ich n bs lut ichts u e
ers ceh ich n bs lut ichts u
rs ceh ich n bs lut ichts u
rs ceh ich n bs lut ichts
s ceh ich n bs lut ichts
s ceh ich n bs lut icht
ceh ich n bs lut icht
eh ich n bs lut icht
e ich n bs lut ich
e i h n bs lut ich
e i h n bs l t ic
e i h n s l t i
e i h n s l t
e i h s l
e i s

schoko vanille bitte

Jakobsweg Weinviertel

Eine Idee wird Wirklichkeit

Erinnerungen von Dr. Matthias Roch

In meiner Amtszeit als Bischofsvikar für das Weinviertel gab es nach vielen Diskussionen folgende Idee: Pilgern wir vier Jahre durch unser Vikariat mit den zahlreichen Wallfahrtsorten. Im fünften und letzten Jahr (2007) könnten wir dann zum Abschluss eine Pilgerwallfahrt nach Santiago zum Grab des Apostel Jakobus machen. Das Pilgern in der Heimat stellten wir unter den Titel: *„Weinviertler Pilgerweg"*.

Schon in den ersten Jahren freuten wir uns über eine sehr rege Beteiligung mit bis zu fünfhundert Teilnehmern pro Tag. Es wurde fast jede Pfarre im Weinviertel zu Fuß besucht. Eine echte Pilgerbewegung entstand mit dem Höhepunkt im Jahr 2007 – die Vikariatswallfahrt nach Santiago de Compostela.

Mit der Unterstützung von „Biblische Reisen" traten 240 Personen die große Pilgerfahrt an. Auf Gruppen aufgeteilt, hatte jeder die Möglichkeit kurze Abschnitte auf dem spanischen Jakobsweg kennenzulernen. Jeden Tag gab es ein gemeinsames Treffen aller zum Gebet oder auch zur Eucharistiefeier. In diesen Tagen ist der Gedanke des Pilgerns neu ins Bewusstsein gerückt. Und so war es nicht verwunderlich, dass ich schon bald auf die Idee *„Jakobsweg Weinviertel"* angesprochen wurde.

Bei anregenden abendlichen Gesprächen kam es, dass Landtagspräsident Mag. Edmund Freibauer, Bezirkshauptmann Dr. Gerhard Schütt, LAbg. Mag. Karl Wilfing, Sparkassendirektor Werner Kraus und einige andere folgende Fragen aufwarfen:

- Kann man nicht aus dem Weinviertler Pilgerweg etwas „Nachhaltiges" machen?
- Was wäre mit einem Jakobsweg durchs Weinviertel?

Die Idee war geboren, ein Grundstein war gelegt und die gemeinsamen wunderbaren Erfahrungen dieser Vikariatspilgerfahrt nach Santiago bestärkten uns alle, an der „Jakobswegidee" weiterzuarbeiten.
Nach intensiven Forschungen über historische Jakobswege in Österreich, wurde bei der ersten offiziellen Sitzung im Jänner 2008 klar, dass die Wegführung eine An- und Einbindung in bestehende europäische Jakobswege haben muss und dass Mikulov (dt. Nikolsburg), eine Stadt, die schon zu früheren Zeiten am Jakobsweg gelegen war, als Ausgangpunkt dienen könnte. Weiters wollten wir natürlich den Pilgern die Schönheiten unseres Weinviertels, die markanten Wallfahrtsorte und Jakobskirchen unserer Heimat näherbringen und am Ende unseren Weg in Krems/Mautern in den dort bestehenden Jakobsweg einbinden. Das Bildungshaus Großrußbach sollte im Mittelpunkt stehen. Gemeinsam mit den Tourismus-Verantwortlichen wurde ein EU-Leader Projekt entworfen. Damit waren auch die Gemeinden bald als Partner gewonnen.
Der *Jakobsweg Weinviertel* – so war nun der offizielle Titel dieses Weges – muss ein Pilgerweg sein und kein „touristischer Trampelpfad", wie es Präsident Freibauer ausdrückte. Daher sollte der Weg sich besonders auf die zu besuchenden Kirchen – z.B. „offene Kirchen" – und religiösen Denkmäler konzentrieren.

Ein ehrgeiziger Zeitplan und gute Zusammenarbeit aller

Der weitere Zeitplan wurde im Jänner 2009 festgelegt: Wegmarkierung machen, Kartenmaterial erstellen, Begleithefte vorbereiten, Vorfinanzierung klären etc. Dazwischen gab es noch

Gemeindeworkshops und vor allem war uns auch die Einbindung der Pfarren und die Information an die Erzdiözese Wien wichtig, die die Anliegenbücher und Stempelstationen für die Pfarren finanzierte.
Auch das Land Niederösterreich unterstützte unser Projekt großzügig. Wir gründeten schließlich die „Interessensgemeinschaft *Jakobsweg Weinviertel*". Als Verantwortungsträger fungierten Edmund Freibauer, Franz Knittelfelder, Werner Kraus und Matthias Roch in enger Kooperation mit dem Büro des Weinviertel Tourismus, am Beginn vertreten durch Andreas Strobl und Maria Schuckert. In den letzten Jahren haben Geschäftsführer Hannes Weitschacher und Sonja Eder das Projekt touristisch betreut. In der Karwoche 2009 gab es dann eine „offizielle Erstbegehung" von Mikulov bis nach Krems, wo die Gruppe am Karfreitag ankam. Die Wegstrecke wurde mit diesen Erfahrungen nun fixiert.
Am Ostermontag, 5. April 2010, wurde der *Jakobsweg Weinviertel* offiziell eröffnet. Ein Festgottesdienst mit Weihbischof DDr. Helmut Krätzl, eine Pilgerwanderung nach Karnabrunn und der Radio Niederösterreich-Frühschoppen machten den Tag zu einem Erlebnis für alle.

Der Jakobsweg Weinviertel lebt, die Jahre nach der Eröffnung – 2010 bis heute

Fast täglich sind seit diesem Ostermontag 2010 zahlreiche Pilgerinnen und Pilger unterwegs. Die Nachfrage und das Interesse sind groß, auch die Gastfreundschaft der Bevölkerung. Die positiven Rückmeldungen haben unsere Entscheidung bestärkt. Im Laufe der folgenden Jahre waren es viele begleitende Aktivitäten, die das Pilgern und den Jakobsweg stark in das Bewusstsein der Menschen gerückt haben. Zum Beispiel, die jährlichen Pilgertreffen mit Schwerpunktthemen im Bildungshaus Großrußbach, die Ausbildungskurse für Pilgerbegleiter/innen, eine Wanderausstellung zum *Jakobsweg Weinviertel*, ein Jakobswein (dzt. aus Poysdorf u. Karnabrunn), die Werbung durch gute Reisebegleitbücher („Jakobswegweiser Weinviertel") und letztlich die Gründung des Vereines „*Jakobsweg Weinviertel*" für die ständige Betreuung des Weges.

Große Dankbarkeit erfüllt mich

- wenn ich an die große Wallfahrt unseres Vikariates im Jahr 2007 zum Abschluss des Weinviertler Pilgerweges denke. Dort wurde die Idee des Jakobsweges Weinviertel geboren und damit der Grundstein für die weitere Entwicklung bis heute gelegt.
- wenn ich an die vielen treuen Wegbegleiter/innen denke, die zur Verwirklichung der Idee beigetragen und mich außerordentlich gut und freundschaftlich unterstützt haben.
- wenn ich an die so positive Annahme des Jakobsweges Weinviertel denke.

Warum macht Christsein als Unterwegssein Freude?

Der Hauptgrund für mich ist, dass wir unser Leben als eine Art Pilgerweg begreifen dürfen. Wir sind immer als „pilgerndes Gottesvolk“ gemeinsam unterwegs. Meinem alten Motto: „Zum Glauben braucht man Freunde“ entsprechend, durfte ich auch bei allen unseren Pilgerwegen diese Gemeinschaft erleben. In dieser Art des Unterwegsseins – Gehen, Beten, Sprechen miteinander und Feiern – wird auf vielfältige Art und Weise der eigene Glauben gestärkt und die Freude am Christsein durch das Zusammensein und das gemeinschaftliche Tun bekräftigt. Das empfinde ich auch als einen Auftrag für die Zukunft in unserem Vikariat, über die traditionellen Formen unseres Christseins hinaus, immer „unterwegs zu und mit den Menschen zu bleiben“.

Prälat Dr. Matthias Roch, Bischofsvikar emerit.

Rudi Weiß

wurde 1957 in Mödling geboren und wuchs auf einem kleinen Bauernhof in Kaltenleutgeben im Wienerwald auf.
Nach der Matura ließ er sich zum diplomierten Sozialarbeiter ausbilden und war danach von 1978 bis 1995 in der kirchlichen Jugendarbeit tätig. Seit 1986 unterrichtet er an der landwirtschaftlichen Fachschule Poysdorf Religion und Persönlichkeitsbildung. Darüber hinaus ist er Ehe- und Familienberater und seit dem Jahr 2000 Mitarbeiter in der LAKO (Landwirtschaftliche Koordinationsstelle).
Seit 1983 ist Rudi Weiß Weinviertler, wohnt in Paasdorf bei Mistelbach, ist verheiratet und hat zwei Kinder.

Künstlerisch betätigt sich Rudi Weiß seit ca. 1985 als freier Schriftsteller und Fotograf. Bisher konnte er 18 Bücher sowie zahlreiche Beiträge in Zeitschriften, Anthologien und im ORF veröffentlichen. Neben einigen kleineren Literatur- und Fotopreisen erhielt er den Förderungspreis für Literatur des Landes Niederösterreich. Er ist Mitbegründer der Weinviertler Kulturinitiative „Kunst-Dünger“ und veranstaltet Schreibwerkstätten für Jugendliche und Erwachsene. Seine bevorzugte literarische Form ist die Lyrik.

Weitere Informationen unter: www.dieweinviertler.com

Gottfried Laf Wurm

Gottfried Laf Wurm hat als geborener Floridsdorfer „das Land hinter dem Bisamberg“ von Jugend an durchwandert oder mit dem Fahrrad durchquert. Seine Zeichenkunst wurde von einem Schulprofessor zum Leben erweckt und von Malern aus dem Kreis des Floridsdorfer Heimatmuseums angeregt. Dadurch inspiriert nahm er neben dem Wanderstab nun auch den Zeichenstift mit, die ersten Landschaftsbilder waren das Resultat.

Nach der Ausbildung zum Flugtechniker besuchte er die Wiener Kunstschule und die Hochschule für angewandte Kunst in Wien als Werkstudent. Geprägt durch seinen ersten Lehrer, Prof. Oskar Matulla, hat er seinen Wohn- und Arbeitssitz ins Weinviertel verlegt, wo er in Lassee im Marchfeld einen alten Bauernhof zur Künstlerlandschaft „Atelier Marchfeld“ verwandelt hat.

Zahlreiche Ausstellungen, Objekte und Buchillustrationen zeugen von seinem produktiven Schaffen. Für seine Werke wurde er vom Bund und vom Land NÖ bereits wiederholt ausgezeichnet.

Weitere Informationen unter: www.lafwurm.at

Impressum

Das Buch ist im Rahmen des Jubiläums „10 Jahre Jakobsweg Weinviertel"
in Kooperation mit dem Verein Jakobsweg Weinviertel entstanden.
www.jakobsweg-weinviertel.at

Idee und Konzeption:
Franz Knittelfelder (Bildungshaus Großrußbach)
Werner Kraus (Verein Jakobsweg Weinviertel)
Sonja Eder (Weinviertel Tourismus GmbH)

Umschlagbild/Zeichnungen: Gottfried Laf Wurm
Grafische Gestaltung/Satz: Christine Kraus | www.christinekraus.at
Druck: Riedeldruck GmbH, Auersthal
1. Auflage 2020

Wiener Dom-Verlag Gesellschaft m.b.H., Wien

www.domverlag.at

ISBN: 978-3-85351-292-0